REVUE DE LA "POPOTE"

des Officiers

DE L'ÉTAT-MAJOR DU 1ᴱᴿ GROUPE
ET DE LA 1ᴿᴱ BATTERIE

✳

26ᵉ Régiment d'Artillerie

CAMPAGNE 1914 - 1915

Auteurs distingués

Sˢ-Lieutᵗ HUAS. Mⁿ Auxiliaire PHILARDEAU

CHALONS-SUR-MARNE

IMPRIMERIE-LIBRAIRIE A. ROBAT, RUE D'ORFEUIL, 3

1915

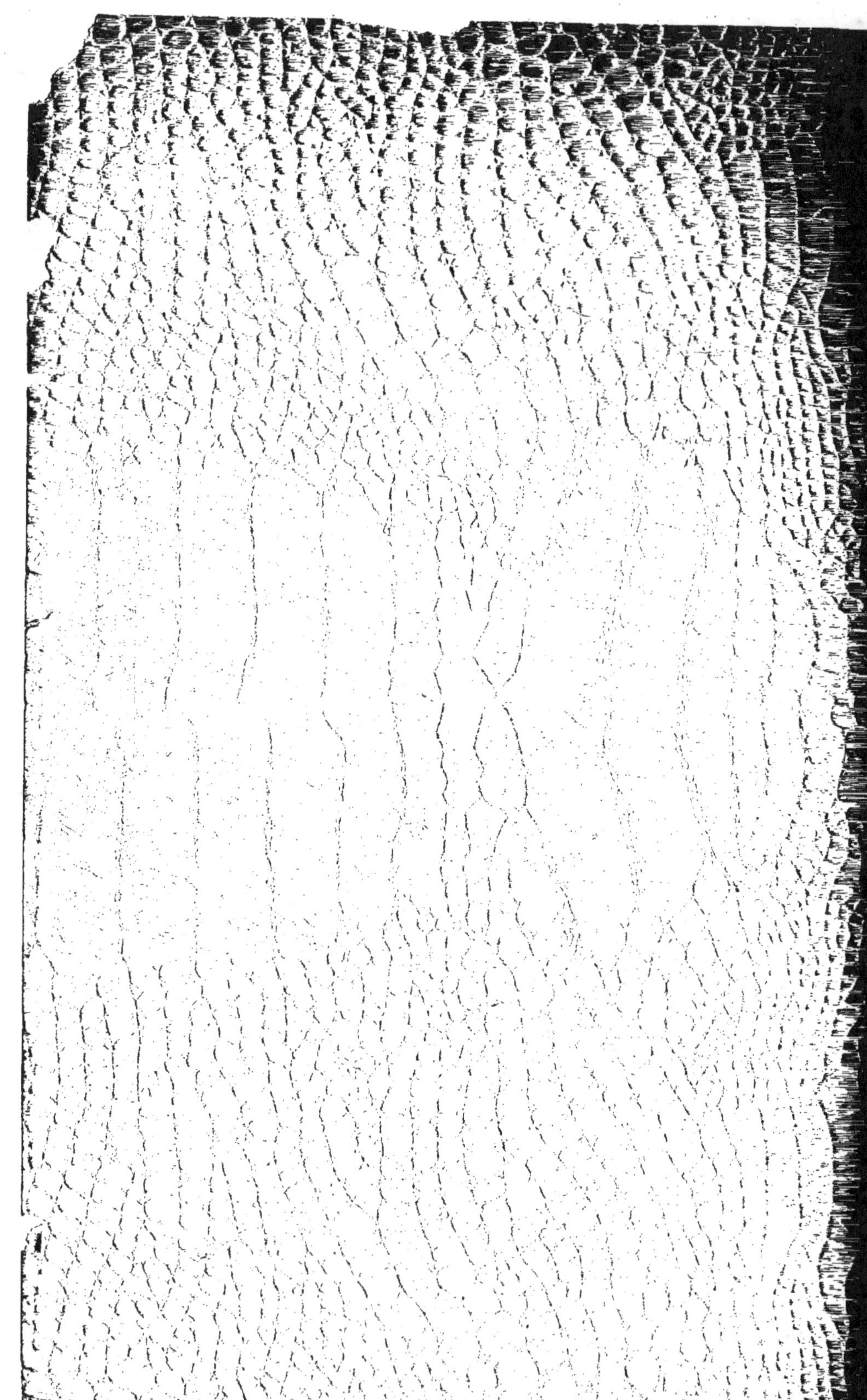

REVUE DE LA "POPOTE"

des Officiers

DE L'ÉTAT-MAJOR DU 1ᴱᴿ GROUPE
ET DE LA 1ᴿᴱ BATTERIE

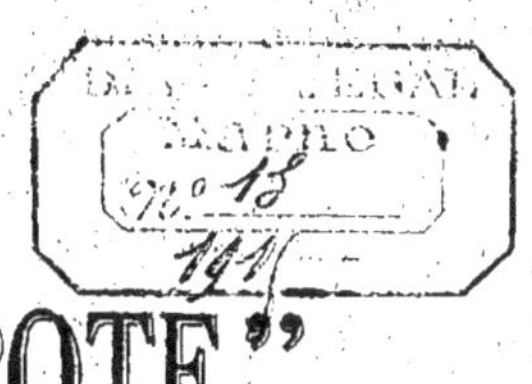

***

26ᵉ Régiment d'Artillerie

CAMPAGNE 1914-1915

***

Auteurs distingués

Sˢ-Lieutᵗ HUAS.   Mⁿ Auxiliaire PHILARDEAU

CHALONS-SUR-MARNE

IMPRIMERIE-LIBRAIRIE A. ROBAT, RUE D'ORFEUIL, 3

—

1915

PERSONNAGES DE LA REVUE

COMMANDANT D'ARGY, *Commandant le 1er Groupe* ;

VÉTÉRINAIRE-MAJOR DE 1re CLASSE GIRARD, *Chef de service du 1er Groupe ; Directeur du service vétérinaire du 26e Régiment d'Artillerie. Directeur en expectative du service vétérinaire de la 7e Division.*

CAPITAINE MARCHAL, *Commandant la 1re Batterie, joueur.*

LIEUTENANT MALASSINET, dit Mallarmé (Stéphane), *Orienteur du 1er Groupe.*

LIEUTENANT HOURLIER, *Grand popotier et chef des vigoureux échelons.*

LIEUTENANT LAISNÉ, dit le « P'tit homme », *approvisionneur.*

LIEUTENANT CHASLES, Michel, *anciennement Germain, dormeur de 1re classe.*

SOUS-LIEUTENANT LAUGER, *Sous-chef de section, kleptomane.*

SOUS-LIEUTENANT HUAS, *Agent de liaison, poivrot.*

DOCTEUR CAHOUR, *Lumière de Château-Gontier, accoucheur en campagne.*

MÉDECIN-AUXILIAIRE PHILARDEAU, *un de nos premiers couteaux, adjudant assimilé.*

PROLOGUE

Ce n'est pas une revue
Un vaudeville, un opéra,
Nous n'étalerons à votre vue
Ni Gipson girl, ni rat.

Pas de froissements ! Qu'on renseigne
Ceux qui ont l'esprit morose.
Tous à la même enseigne,
On s'amuse et pas autre chose.

J'ai découpé des silhouettes
Entrevues depuis cet été
Et je serai l'humble interprète
Qui vous les montre en liberté.

Malgré les horreurs de la guerre,
Amis ne soyons pas moroses.
Nous n'avons rien de mieux à faire,
Amis voyons la vie en rose.

Figurons-nous un instant
Etre un coin montmartrois
Comme autrefois au bon temps,
Près d'un coktail bien froid.

Allons machinistes au décor
Que la plantation soit immense.
Ah ! ne sommeillez pas encore
Et que les tziganes commencent.

(Air tzigane entraînant à l'orchestre).

ACTE I

La tombée du jour. Campagne déserte, pas un toit à l'horizon, au loin on entend les sifflements des dernières marmites.

Au galop de charge, on voit apparaître un officier qui jette de tous côtés des regards désespérés. C'est Malassinet. Il arrête son cheval éreinté, prend sa boussole et cherche à tirer d'elle tout ce qu'elle peut donner, mais sans résultat. Il a perdu le Nord, notre orienteur est désaxé.

COUPLETS DE MALASSINET

Air : *Ode au chameau*

I

Perdus sur les routes de France,
Les artilleurs n'iraient pas loin,
Si la divine providence
N'avait allégé leur fardeau
    Par un cadeau.
Ce cadeau, c'est un officier,
C'est un officier de valeur
Presque un poteau indicateur,
    C'est l'orienteur.
Oui c'est moi qui fait ce rude métier,
C'est moi Malassinet,
Je trotte, je galope comme un lévrier
Sans jamais me lasser.
Je connais toutes les routes, tous les chemins,
Tous les sentiers, je pourrais vous mener
Les yeux fermés jusqu'à Berlin.

II

Mais pour faire un bon orienteur,
Il faut avoir une bonne santé
Conscient de cette nécessité,

Je suis devenu très fort mangeur
    Et grand buveur.
Certains se plaignent de la guerre,
Moi je m'en trouve très heureux.
Vous pouvez voir ma mine prospère
    Car je m'engraisse.
J'oriente les plats dans mon estomac,
Ils suivent toujours le bon ch'min
Y a pas besoin d'placer des jalonneurs
Ça coule toujours très bien.
Je bouffe, je bois, je m'enfile et je mange
Tout ce qu'on me présente,
Le riz, les tripes, le singe et le rata,
    Surtout le bon café.

III

Mais où ça d'vient intéressant
C'est quand je m'en vais à Châlons,
Les repas qu'offrent le commandant
Sont de véritables gueuletons,
    Ça c'est l'filon.
Et puis là on voit d'jolies femmes
Qui m'donnent leur mouchoir comme cadeau.
Quand je rentre, j'suis un peu malade,
    Ça m'est égal.
Le lendemain je soigne ma gueule de bois,
Je n'ai rien d'autre à faire.
Et tous les copains sont jaloux de moi,
D'voir qu'aux femmes j'ai su plaire.

La nuit est maintenant tout à fait venue, les nuages obscurcissent le ciel et cependant Mallarmé, la jumelle à la main cherche l'étoile polaire. Dégoûté, il se couche et après avoir fait à nouveau de vains efforts pour sonder le ciel, il s'endort. Un coup de trique sur la tête le réveille. Devinant sans peine qui lui envoie ce coup, Malassinet se dresse en sursaut et s'écrie : « Je suis perdu, mon commandant ».

COUPLETS DU COMMANDANT

Air : *Prends son épée à gaîne d'ivoire*

(MARIAGE DE TÉLÉMAQUE)

I

Le commandant déclare la guerre
A tous les poilus des dépôts.
Il a bien cassé cet hiver
Vingt cannes au moins sur leur dos.
  A sa canne attention. *(bis)*

II

Il prend sa trique, bâton de gloire
Qu'il oublie bien peu souvent,
Et qui n'est pas un accessoire
  A son bras diligent.
  Ah ! poilus attention. *(bis)*

III

Gare aux bobosses qui fichent le camp
Et qui leur devoir oublient
Et qui cherchent sournoisement
A prendre une position d'repli.
  Ah ! bobosses attention *(bis)*

IV

Officiers d'administration,
Couleur de bleu de clair invisible
Dont les bras couverts de galon
Ont un prestige invincible.
  Officiers attention. *(bis)*

V

Attention messieurs, attention,
Car le major du cantonnement

Ne sort jamais sans son bâton
Pour surveiller la garnison.
  Garnison attention. *(bis)*.

VI

On le voit passer dans les rues
Tenant son orienteur en laisse
Qui sait lui dépister les grues
Et les types en état d'ivresse.
  Ivrognes attention. *(bis)*.

VII

Gentils oiseaux de passage
Gentils minois frais et dispos,
Si vous voulez soyez peu sages,
Mais n'allez aimer un tringlot.
  Ah ! tringlots attention. *(bis)*.

VIII

Gare aux toubibs de l'arrière,
Dorés sur tranche, frais et roses,
Et qui derrière l'armée entière,
Rigolent dans les maisons closes.
  Ah ! toubibs attention. *(bis)*.

Tout à fait réveillé, Malassinet entend des roulements de voiture. Avec son flair d'artilleur doublé de celui d'orienteur, il devine l'approche des batteries. Ce n'est que la voiture médicale. De l'intérieur s'échappent des ronflements sonores : c'est le Docteur Cahour qui désarçonné dort d'un sommeil profond dans la voiture.

Le Commandant : « Halte-là, qui vive, qui êtes-vous ? »

CHŒUR DES CUISINIERS

AIR : De l'hôpital vieille pratique...

I

C'est nous qui sommes les cuisiniers

De la popote d'l'Etat-major.
Notre grand chef c'est le lieutenant Hourlier,
Notre brigadier c'est le major.
Pendant l'combat nous nous tenons
Bien en arrière de l'échelon,
    Ça c'est l'filon.
Mais quand la bataille est finie
Nous déballons tout le fourbi
Pour faire une cuisine soignée.

II

Nous ne nous sommes jamais saoulés,
Nous gardons notre dignité,
C'est pas comme tous ces ordonnances
Qui ne songent qu'à se remplir la panse.
Regardez toute cette bleusaille :
Meunier, Gary, Jouault, l'baron,
    C'est des cochons.
Mais moi, le maître-queue Barbot,
Je tiens la main sur ma valetaille,
Et j'vous assure qu'elle a bon renom.

III

Nous avons parfois l'aide précieuse
Des sous-verges et de l'adjudant,
Philardeau fait la mayonnaise,
Lauger fabrique les pommes soufflées,
On a même vu le lieutenant Chasles
Nous dégoter un sanglier
    Sans se fouler.
Il nous l'a fait passer au bleu
Et pour cette cuisine Hourlier
Trouva qu'on brûlait trop de bois.

Pendant ce temps les batteries se sont rapprochées et chacun n'a plus qu'une idée : le repos.

On entend des réflexions profondes sur la situation :

CHASLES. — Je voudrais dormir.

Lauger. — J'en ai plein le fiacre.

Mallarmé. — Je voudrais revoir ma Normandie.

(Accompagnement en sourdine à l'orchestre).

M. Girard. — Mouton, Mouton où est ma bouillote.

Le Commandant. — Cochons d'fantassins, cochons d'toubibs !

Huas. — Astuce, astuce.

Philardeau. — *Qui a rattrappé la voiture médicale ventre à terre.* — Je suis complètement dégonflé.

Et cependant le Docteur Cahour qui ronfle toujours a trouvé un écho à l'autre extrémité de la colonne : du sein des échelons s'élève un ronflement tonitruant, c'est Hourlier qui endormi sur Suédoise, en écrase consciencieusement.

L'orchestre entame en sourdine sur un rythme rapide l'air connu : Il court, il court le furet.

Mais quel est ce petit air guilleret qui vient troubler le silence de la nuit ? C'est notre Damoy national qui accourt sur son petit cheval de cirque. Il est gai et alerte car il ne dort jamais et est tout heureux de voir que sa colonne ne s'est pas plus allongée que d'habitude.

COUPLETS DE LAISNÉ

Air : *Il court, il court le furet*

Il court, il court le p'tit homme
Sans trêve ni sans répit,
Il court, il court le p'tit homme
Il ne dort jamais la nuit.

I

C'est lui l'approvisionneur
Des hommes de nos batteries
Tout en étant artilleur
Il s'connaît en épicerie.

Il court, il court.....

II

Si l'on veut d'l'eau dentifrice
Jusqu'à Suez il s'en ira
Quand il nous faudra des femmes
Il en réquisitionnera.

Il court, il court.....

III

Il nous apporte les journaux
Le pétrole, les cigarettes,
Le tabac, les allumettes,
En un mot tout c'qu'il nous faut.

Il court, il court.....

IV

Il est toujours occupé
Même en faisant ses marchés,
Il embrasse la charcutière,
Pince les fesses de la bouchère.

Il rit, il rit le p'tit homme,
Le p'tit homme chéri des dames
Il rit, il rit le p'tit homme,
Il a un vrai cœur de flamme.

V

Il raconte des boniments
A Delpeyré l'Intendant,
Et Frotté le commandant,
N'ose pas le fout' dedans.

Il rit, il rit.....

VI

Il cause, il cause le p'tit homme,
Il est bavard comme une pie.
Enfin l'on peut dire en somme
Qu'on n's'embête pas avec lui.

Il rit, il rit.....

RIDEAU

Fin de l'Acte I

ACTE II

La colonne au complet a pu rallier la popote. Ses assises se trouvent dans une maison à demi éventrée et percée de balles. Hourlier semble particulièrement s'intéresser aux trous des dites balles et tire sa moustache d'un air conquérant. Il se parle à lui-même et répète les commandements du parfait popotier.

COMMANDEMENTS DU PARFAIT POPOTIER

Anhydre point ne feras
Tous les jours en abonnement.

Café trop chaud ne serviras
Ni jus trop clair mêmement.

Pétrole jamais n'oublieras
Et liqueurs en assortiment.

Texte d'enterrement ne feras
A l'heure sacrée des beuvements.

La note tu ne corseras
Ni faderas malproprement.

Dans les plats ne te moucheras
Et t'essuieras nez congrûment.

Bœuf bourguignon ne feras
Quand tu pourras faire autrement,

Hors d'œuvre cher réserveras
Pour ton ménage seulement.

Il est tiré de sa rêverie par le chœur de l'Etat-major et de la 1re batterie qui réclame à manger. Hourlier détenteur de plusieurs citations à l'ordre du jour... de la popote, a beau agiter désespérément la main dans un plan vertical et répéter à satiété : « C'est pas hune raison », n'arrive pas à calmer l'impatience des convives. Le tumulte va croissant et on entonne en chœur un refrain connu :

COUPLETS D'HOURLIER

Air : *Le beau blond*

I

Nous tenons sûrement le parfait popotier
Et nous savons l'apprécier.
Pour lui y a pas de petites économies,
Et tout le monde est son ami.
Il commande sans peur tout un groupe d'échelons,
Ça prouve que c'est pas une... bête.
Enfin le commandant ne saurait s'en passer,
Il n'a pas du sang de navet.

REFRAIN

Ah ! ce sacré Hourlier
C'qui nous fait rigoler
Ses moustaches postiches et son nez pointu
Ses p'tits yeux qui brillent et puis son air... chose
En font un vrai chimiste
Quelquefois fumiste.
Pour les coups de fusil y en a pas deux comme lui,
Le mouton avarié, les rognures en pâté,
Ça c'est sa spécialité.

II

Notre grand chimiste est l'auteur d'une réaction
Qu'est pas sujette à caution.
Quand il voit un plat préparé comme il sied,
Il y met de suite les pieds.
Il sait montrer qu'il est universel
Et tire comme Guillaume Tell,
Voulant prouver qu'il est né marin.
Manie la gaffe avec entrain.

III

Faut pas lui r'procher son air rigide,
Il fait partie d'l'air liquide.
C'est une boîte de juifs qui n'a pas l'sou,

Comme l'acétylène dissous.
Mais faut pas l'bêcher sur ce sujet,
Chacun sait qu'c'est pas un pied.
Tout le monde dit en voyant son air mâle,
Il sort sûrement de Centrale.

Cependant grâce aux qualités gastronomiques et aux décisions rapides et bien connues d'Hourlier un repas a pu être improvisé. Ce dernier est très gai grâce aux nombreuses bouteilles de champagne que le popotier débouche spontanément sans discontinuer. C'est un véritable popotel et Chabot telle qu'ils n'en ont pas à Popotsdam.

Plusieurs personnes se font d'ailleurs remarquer au cours du repas par des qualités très diverses.

Il est impossible notamment de faire taire le Docteur Cahour dont le bavardage devient énervant. Il ne tarit pas d'éloges sur la capitale de la France qui est comme chacun sait Château-Gontier.

COUPLETS DE CAHOUR

AIR : *Tout doux, tout doux, tout doucement*

I

Avec sa barbe de sapeur,
Sa sacoche jaune de receveur,
    Ses gros sabots
    Et son gourdin,
Il a l'air d'un trimardeur.

II

Il a vraiment une belle allure
Sur sa fougueuse monture,
Au pas ou bien rarement au trot,
Mais surtout au galop.

III

Il est bien vu de tous les gens,
Il administre les lavements,
    Arrache les dents,
    Soigne les enfants,
Et fait bien les accouchements.

IV

On n'compte déjà plus les enfants
Qu'il a donnés à la France,
Dès qu'il voit une femme devant lui
Il veut la faire accoucher.

V

Son grand ennemi, c'est M. Patte,
Qui cherche toujours à le fourrer dedans
Aussi Cahour n'est pas flambant
Lorsqu'il voit son principal.

VI

Il fait maintenant des papiers,
Des statistiques, écrit des états,
Et il ne prend plus ses ébats,
Car il n'est pas rassuré.

VII

Il a récolté un galon
Depuis l'début de la campagne,
Mais il voudrait pas d'la prison
Pour rentrer dans son pays.

Mais si le bavardage de Cahour est inquiétant, il est un sous-lieutenant qui ne dit mot mais qui boit avec avidité. Son nez porte d'ailleurs les marques de libations multiples. Il chantonne vaguement, l'œil perdu, entre deux vins.

COUPLETS D'HUAS

AIR : *Anatomie*

I

Nous avons un type épatant,
Bien qu'il soit à la fleur de l'âge,
Il est pratique peu encombrant,
Il tient peu d'place dans les bagages.

II

Quand il y a un trou à boucher,
C'est un rôle qui n'est pas très chic,
Immédiatement on vient l'chercher,
Ah ! vraiment Huas est très pratique.

III

Evidemment, c'est un grand homme
Et qui a presque tout pour plaire,
Enfin c'est quelque chose en somme
Comme une petite bonne à tout faire.

IV

Il sait passer inaperçu,
Y a qu'son nez qui soit encombrant.
Impossible de dire, non vu,
Car il brille au soleil couchant.

V

J'ai mené une enquête discrète
Sur ce sujet intéressant,
Voici le résultat de l'enquête,
Qui explique son nez rubicond,

VI

Je vous l'dirai bien simplement,
Avec sa tête à pomponnette,
Huas boit seul et nuitamment,
L'Chambéry fraise et l'anisette.

VII

L'abus de boisson l'agite en diable,
Aussi remue-t-il toute la nuit,
On prend quelque chose sur le rable
Quand on s'approche de son lit.

VIII

Si Huas de jour paraît charmant
C'est vraiment pas comme *Huas de nuit*,
C'est qu'on n'peut pas faire autrement
Quand on va coucher avec lui.

IX

Jadis Houa-Houase sobre et gentil
Faisait plaisir à sa maîtresse,
Mais la guerre l'a perverti
Et son seul plaisir c'est l'ivresse.

X

Et Huas oublie la femme X,
Qui tint pourtant longtemps l'affiche,
Il préfère les poul's à prix fixe,
Et son nez rouge, il s'en fiche.

Inutile d'ajouter qu'au dernier couplet le sous-lieutenant roule sous la table. Le dîner a heureusement pris fin. On oublie les fatigues et la guerre. Les yeux sont brillants, les ventres déboutonnés. Chacun a le sourire. Il n'y a qu'un personnage à trois ficelles qui semble soucieux. Il lui manque quelque chose. Si Malassinet déclare qu'il n'y pas de bons dîners sans une bonne bouteille, pour ce personnage il n'y a pas de bon dîner qui ne soit terminé par une partie de cartes. Si Rockfeller est le roi du pétrole, lui c'est le roi du carton.

COUPLETS DU CAPITAINE MARCHAL

Air : *Savez-vous comme ça c'qui y a répondu*

I

A la lueur quelconque de deux quinquets fumeux,
Chauffés par un feu qui enfume la salle,
On fait à la popote des pockers fameux,
Mais qu'est-ce qui encaisse le pot colossal,
— J'avoue c'est toujours le capitaine Marchal.

II

Lorsque par hasard on s'lance dans un bac
Et qu'avec un huit on se sent bien armé,
Vous êtes au contraire sûr de tomber dans l'lac,
C'est ce qui arrive au ponte Mallarmé,
— Il avait un neuf le capitaine Marchal.

III

Quand on s'lasse du bac alors on fait un bridge,
Philardeau et Huas mettent trois sans atout,
On croirait que rien n'peut leur faire la pige,
Mais ils se font pénaliser d'cent sous,
— Il est phénoménal le capitaine Marchal.

IV

Quand on n'veut plus jouer, on fait à l'écarté
Quelques douzaines d'huîtres car nous sommes fins becs,
Mais le capitaine se dit en apparté,
Je m'en vais les gratter à la tourne sec.
— Et puis je mangerai les huîtres après.

V

Personne ne veut plus jouer c'est stupide,
Mais le capitaine est bien décidé
A prendre Madame Béchoff David
Pour faire avec elle une partie d'piquet.
— Il en a d'raidés le capitaine Marchal.

Un bridge est donc organisé en vitesse, le capitaine brandit
les cartes d'un air vainqueur et semble terroriser déjà du regard
une victime toute désignée. Cette pauvre victime chacun de vous
l'a reconnue, c'est le médecin auxiliaire Pichardeau

COUPLETS DE PHILARDEAU

AIR : *Thy darling y lowe you*

I

Connaissez-vous notre chirugien,
L'toubib auxiliaire Philardeau,
L'homme qui manie les grands couteaux,
Les scalpels et les scies à mains.
Il paraît qu'il est épatant
Pour ouvrir le ventre des gens,
Mais à la popote il fait rien,
Il découpe pas même les lapins.

II

C'est un ancien fantassin,
Mais c'est surtout un vrai peau fin.
Il pensait qu'avec sa barbe
Il pourrait faire des conquêtes,
Mais il faut croire qu'ça n'a pas collé,
Car maintenant il l'a fait couper.
Philardeau, Pichardeau, fil à r'torde,
Ce membre, cet ancien fantabosse.

III

Il croit jouer au bridge proprement,
Il sait même pas mettre l'atout,
Il ne fait qu'engueuler les gens
Et ses impasses ratent partout.
Il n'est pas plus fort au pocker
Et n'sait pas trop comment faire,
Car avec sa solde d'adjudant
Il ne peut pas faire le flambant.

IV

Ce s'rait pas un mauvais garçon
S'il sortait pas de l'internat.
Il s'croit autorisé pour ça
A n'jamais avoir de tabac.
Il s'en va en d'mander partout,
Des allumettes ou d'l'amadou,
Le briquet à Lauger,
A Huas du papier,
L'tabac aux cuisiniers.

V

Quoique jeune il est très malade,
Il ne sort pas sans thermomètre,
Car dès qu'il a fait un faux pas
Il faut qu'il voit s'il a la fièvre,

Alors il s'en va se coucher
Et dort d'un sommeil agité,
Car si le thermomètre baisse pas,
C'est qu'son état a empiré.

A la partie de bridge a fait suite un bac dans lequel Malassinet a ramassé une culotte dont on parle encore. Le capitaine inscrit sur son carnet ad hoc la somme colossale de ses gains. Tout le monde est très énervé, les lazzis et les quolibets se croisent sans interruption. Le médecin auxiliaire s'est naturellement fait dégonfler comme un vulgaire zeppelin, et se console en préparant un punch monstrueux. On entend craquer la faience de la soupière dans laquelle se prépare la liqueur fumante. Az O3H murmure dans un demi sommeil un échappé de Centrale qui baille désespérément en fermant à moitié des yeux rouges de lapin russe sur lesquels aurait soufflé le marchand de sable. Malassinet croyant Chasles malade se dresse et lui claironne aux oreilles : « Mais qu'as-tu, qu'as-tu donc, je ne sais pas ce que tu as. »

COUPLETS DE CHASLES

AIR : *Je suis vaseux*

Je sais bien c'que j'ai moi j'ai sommeil,
La guerre c'est pas un métier,
Je ne dors pas de la journée,
    Ah ! Ah !
On a à peine douze heures de sommeil,
Quoique je me lève pour déjeûner
Et que j'me couche après dîner.

Pour me distraire et passer le temps,
   J'voulais chasser
   Le sanglier,
Mais c't'animal n'a pas de bon sens,
   Il ne se montre
   Qu'à la nuit.
Le gibier c'est vrai, ne vaut pas un bon lit.

Je dors avec un bon copain,
  Mais y remue trop,
  Y m'tape dans le dos,
J'aime pourtant mieux lui qu'une putain,
  Car on s'endort
  Immédiatement,
On ne perd pas de temps inutilement.

Je dors d'un œil toute la journée,
  Mais j'dors des deux
  Dans la soirée.
Je ne touche plus de cartes maint'nant,
  Allons Lauger,
  Viens te coucher,
Tu joues au bridge bien trop longtemps.

Fin de l'Acte II

ACTE III

Le punch a donné à chacun un sommeil calme et reposant. Tous endormis dans la paille ont rêvé a de prochaines victoires. La nuit n'a été troublée ni par le son des maraûtes, ni par le claquement des schrapnells.

A une heure indécise cependant on a cru à une alerte, quelqu'un ayant chanté une tyrolienne, une espèce de ranz des vaches qui a été accueillie par des grognements furieux des dormeurs.

A huit heures, chacun s'étire en baillant. Déjà dans la cuisine notre vétérinaire major, chaussé de pantoufles douillettes, se chauffe à un bon feu pétillant, les cuisiniers affairés lui préparent un bon café au lait bien chaud et des tartines de beurre et de pain grillé. La campagne n'a pas altéré sa bonne humeur, il sourit en attendant les événements.

A neuf heures, les officiers sont tirés de leur quiétude par l'arrivée d'un cycliste. Départ. Le général B... nous entraîne à la victoire, nos vigoureux fantassins, 103° en tête ont fait hier un bond prodigieux. Chacun rassemble ses affaires, on boucle les cantines. Horreur ! Horresco referens ! La salle à manger a été dévastée pendant la nuit, beaucoup d'objets ont disparu.

COUPLETS DE LAUGER

AIR : *Elle est épatante cette petite femme-là*

I

Depuis quelque temps on voit s'éclipser
Pas mal de bibelcts d'la salle à manger,
Toutes les fois q 'on laisse traîner ses affaires,
Faudrait pouvoir mettre un planton derrière.
Y a vraiment des fois, on est désarmé,
Car il y a des fuites extraordinaires,
C'est le cas d'la culotte à Mallarmé
Qui va bientôt nous montrer son derrière.

REFRAIN

Où donc est passé l'tabac du Docteur,
Le peigne et les ciseaux du coiffeur
Et toutes les chaussettes du commandant,

Son binocle et son cure-dents.
Où est l'couteau du médecin-auxiliaire
Et les statistiques au vétérinaire.
Eh bien, j'ai fini par les trouver
Dans la cantine à Lauger.

II

On pourrait à la rigueur s'en ficher
Si sa fermeture était bien solide
Mais c'est pas comme un coffre-fort Fichet,
Elle baille à moitié comme une huître vide.
Par la fente on voit passer des saletés
Et des vieilles godasses encore tout humides.
Oh ! la ! la ! j'allais oublier l'bouquet :
Elle est surmontée par un sac sordide.

Refrain

Le fidèle Gary qui a la confiance,
Est un kleptomane d'la plus belle essence,
C'est lui qui barbote et qui empile tout
Dans c'nouveau tout à l'égout.
Elle est épatante cette petite malle-là,
C'est miraculeux le contenu qu'elle a,
Pour les choses en vrac et cœtera
Y en a pas deux comme ça.

Enfin, on respire, chacun a retrouvé ses affaires, le commandant escorté de son fidèle orienteur et suivi de trois batteries en ordre de marche impeccable, conduit le groupe vers de nouvelles victoires. Chacun murmure un refrain patriotique sur le sentier de la guerre.

COUPLET PATRIOTIQUE

Oh ! sol sacré de la patrie.
Aie confiance en tes défenseurs
Qui te sacrifieront leurs vies,
Allons Français, n'ayez pas peur.

Les artilleurs sont là qui veillent
Derrière leurs canons crânement,
Regardez ces vieux de la vieille
Qui manœuvrent leur instrument.

REFRAIN

AIR : *Ce p'tit balancement*

Ah ! ce tout petit instrument
Qui s'manœuvre en deux temps,
C'est le 75,
C'est la terreur des Allemands.

Que tout le monde ait confiance,
De l'Yser à la Belgique,
Joffre travaille avec constance
Et fera le geste magique.

Et les boches franchiront la Meuse,
Ce sera vraiment épatant,
Poilus, tous à vos mitrailleuses,
Artilleurs à vos instruments.

REFRAIN

On les chassera jusqu'au Rhin,
On envahira la Bavière,
Nous prendrons leurs casques d'airain
Et les emplirons de bière.

Que soient placés très hauts les cœurs,
Rentrons glorieux ou mourons,
Et nos femmes murmureront
En nous voyant un air vainqueur.

ÉPILOGUE

Nous avons fait de notre mieux
Pour faire sourire vos seigneuries,
Merci d'avoir été joyeux,
Oubliez nos plaisanteries.

Elles n'auront froissé personne,
Il n'en pouvait être autrement,
Et notre seul dessein en somme
Etait de rire quelpues instants.

Vous avez tous bon caractère,
On s'en est bien aperçu,
Vous avez écouté sans colère
Quelques blagues de notre cru.

Il ne faut pas nous en vouloir,
Ce n'était pas de la satire.
Or ça qu'on nous apporte à boire,
Allons Hourlier, c'était pour rire.